L'IDENTITÉ
D'UN ÉVÊQUE DE VINTIMILLE

RECONNUE ET DÉMONTRÉE.

IMPRIMERIE GROS FRÈRES.

L'IDENTITÉ

D'UN

ÉVÊQUE DE VINTIMILLE

NATIF DE LA VILLE D'APT

RECONNUE ET DÉMONTRÉE.

DISSERTATION HISTORIQUE ET CRITIQUE.

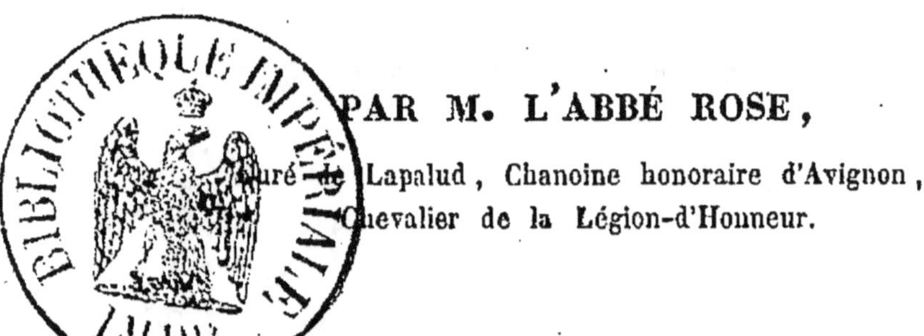

PAR M. L'ABBÉ ROSE,

Curé de Lapalud, Chanoine honoraire d'Avignon,
Chevalier de la Légion-d'Honneur.

PONT-SAINT-ESPRIT

IMPRIMERIE ET LIBRAIRIE DE GROS FRÈRES.

—

1857

PRÉFACE.

Lorsque dans mes *Études historiques* sur le quatorzième siècle, j'eus reconnu et heureusement constaté l'existence d'un évêque de Vintimille qui était originaire d'Apt, le public religieux de cette ville auquel l'ouvrage sus-mentionné était surtout adressé, joyeux de ma découverte, s'empressa de m'en féliciter par ses organes les plus accrédités. Mû par le puissant attrait de l'histoire locale, il alla même jusqu'à m'exprimer le désir de me voir faire de nouvelles recherches dans le but de connaître les noms et la famille de ce prélat, dont nul encore n'avait ouï-parler. — Ce vœu était légitime et je tenais à honneur d'y faire droit dans la mesure de mes faibles moyens, ne fut-ce que pour ne pas laisser à nos successeurs l'embarras d'une énigme d'autant plus difficile à deviner pour eux, qu'ils se trouveraient moins à portée des documents qui aujourd'hui peuvent nous aider à en pénétrer le sens. D'ailleurs, il y avait là un intérêt philosophique à ménager et dont il était impossible de ne pas tenir compte ; car on comprend qu'une découverte en appelle nécessairement une autre chargée de la compléter et de lui faire porter tous les fruits dont elle contient le germe. Ainsi donc par rapport à l'évêque qui va nous occuper ici, après la question d'existence déjà suffisamment résolue, devait venir celle d'identité : question ardue, qui impose à l'écrivain le devoir de rechercher parmi les dignitaires de l'Église d'Apt bien connus à l'époque dont il s'agit, s'il n'en est pas quelqu'un avec lequel on puisse identifier le prélat anonyme et arriver ainsi par la connaissance de l'un à la connaissance de l'autre.

Ce travail de rapprochement et de comparaison, je l'ai fait sur beaucoup de noms, pour tacher d'en faire jaillir, s'il était possible, celui que le caprice du sort avait éliminé de la mémoire des hommes. Mais si je l'ai fait, ce n'est pas sans avoir eu à traverser de pénibles alternatives, alternatives où tantôt je me sentais animé à poursuivre une chose que je croyais utile à l'Église de Dieu et tantôt découragé au point de laisser à de plus habiles que moi le soin de faire luire quelque rayon de lumière au sein de ces obscurités séculaires. J'avoue être resté longtemps dans cette triste disposition d'esprit, sans nul espoir de pouvoir délier le nœuf de la difficulté proposée. Cependant, stimulé par les bienveillantes sollicitations de mon honorable ami, le docteur Barjavel, l'homme le plus compétent que je connaisse en matière d'érudition, je me suis mis de nouveau à l'œuvre bien déterminé à ne lâcher prise qu'après m'être convaincu de l'impossibilité absolue du succès, et cette fois, grâce à Dieu, je crois être parvenu à dégager l'inconnue du problème dont plus d'un savant n'a pas dédaigné de se préoccuper. La dissertation que j'offre en ce moment à mes concitoyens, les mettra à même de juger si mon assertion relative à la réussite de l'entreprise par moi exécutée est l'effet d'une trop grande confiance en mes faibles lumières, ou si elle est l'expression d'une de ces vérités profondément senties qui s'imposent à l'esprit par l'éclat de l'évidence.

Comme beaucoup de personnes, parmi celles qui prendront la peine de lire cet opuscule, ignorent ce que c'est que Vintimille, je place ici pour leur instruction le petit article que l'on trouve dans le *Dictionnaire de Géographie* de Vosgien, livre très-familier aux élèves des lycées et des collèges :

« Vintimille, *Albintimilium*, ancienne ville d'I-

» talie, dans la République de Gênes, avec un
» évêché suffragant de Milan et un fort château
» qui en fait toute la défense ; elle a souvent été
» prise et reprise dans les guerres sanglantes que
» se firent les factions des Guelphes et des Gi-
» belins ; port ouvert sur la Méditerranée aux
» navires du commerce, elle est située à l'em-
» bouchure de la rivière de Bibera et de Rotta,
» à 12 kilomètres nord-est de Monaco, 24 nord-
» est de Nice et à 112 sud-ouest de Gênes. »

A ces détails de statistique, je pourrais ajouter ceux que me fournissent mes propres souvenirs ; mais le cadre de cette préface est trop restreint pour me permettre de donner suite à mon idée. Cependant, je ne saurais m'empêcher de dire que la maison de Vintimille, qui dominait jadis sur la vallée de même nom, était une des plus puissantes de la Ligurie, et que ses comtes figurent presque à chaque page dans l'histoire de Provence qui nous les montre occupant un rang distingué à la cour des souverains de ce pays dont ils se reconnaissaient les feudataires. A l'égard des évêques de la même cité, l'*Italia sacra* nous les présente comme ornés de tous les genres de mérite et surtout de celui de la doctrine ; car si les princes chargés de nommer aux évêchés ne choisissent pas pour les petites localités des prélats grands seigneurs que leurs familles poussent à des places plus élevées, ils s'appliquent du moins à y appeler des sujets chez qui le défaut de naissance est suppléé par l'éclat des talents. Les évêques de Vintimille, comme leurs voisins de Nice et de Turin, sont venus maintes fois siéger dans les assemblées politiques et religieuses de notre province ; mais ils ont cessé d'y paraître dès l'instant que leur pays est devenu partie intégrante du domaine de la maison de Savoie.

Cependant de nos jours, sous le règne du premier Napoléon, on a vu intervenir au sacre de l'évêque de Vannes, grand-vicaire d'Aix, les évêques d'Ajaccio et de Vintimille comme assesseurs de M⁢ˢʳ de Cicé qui était le prélat consécrateur.

Ainsi, il ne faut pas s'étonner que cette dernière ville ait joui, en Provence, d'une certaine popularité et que son nom, si mélodieux d'ailleurs, se soit acquis droit de bourgeoisie sur les rives hospitalières du Caulon ; car on sait qu'avant la Révolution, le titre de comte de Vintimille s'y perpétuait d'âge en âge, au sein d'une illustre maison dont les deux derniers représentants expièrent sur l'échafaud d'Orange leur dévoûment indéfectible au trône et à l'autel.

Telle est la ville dont le siège épiscopal a été glorieusement occupé par un Aptésien à la fin du quatorzième siècle, siècle si digne d'être étudié, surtout dans les lieux que la papauté avignonaise éclaira de ses splendides reflets. Le nom de ce vénérable compatriote, longtemps échappé à ma plume malgré de laborieuses recherches, est venu enfin s'y placer par une sorte d'heureux hasard, ou plutôt par l'effet d'une de ces soudaines inspirations dont Dieu récompense parfois ceux qui s'obstinent dans la poursuite de la vérité. Qu'il me soit permis de me féliciter ici de cet heureux résultat, non pour la gloriole qui peut m'en revenir, mais pour l'honneur du pays où j'ai été élevé dans mon adolescence ; car il ne verra pas sans émotion que le Panthéon littéraire de ce département va s'ouvrir pour une célébrité nouvelle, pour une célébrité qui lui appartient par le titre incontestable de la naissance.

Désireux de donner quelque extension à ma brochure, j'ai cru devoir y attacher l'étude que je viens de faire sur le prince Othon de Brunswick, quatrième mari de la reine Jeanne, qui était le contemporain de l'évêque de Vintimille. Ce prélat, en effet, doit l'avoir connu à la cour de Marie de Blois, lorsque cette princesse résidait à Apt, pour être mieux en position de faire triompher la cause de son jeune fils, Louis II, dans le comté de Forcalquier. Ainsi, ce fragment historique, rentrant dans le domaine de notre histoire locale, ne forme pas une dissonnance avec le sujet de la dissertation qui est de même nature. C'est pourquoi je le publie ici, sans crainte de contrevenir à la règle d'unité dont l'application est toujours requise dans les œuvres d'art, soit qu'elles s'adressent à l'esprit seul ou à la raison pure, soit qu'elles visent à charmer l'imagination ; mais je le publie dans la pensée qu'il aille un jour s'absorber, sans perdre pourtant son individualité, dans l'histoire générale qu'attend encore la grande période papale avignonaise.

L'IDENTITÉ

D'UN

ÉVÊQUE DE VINTIMILLE

Natif d'Apt

RECONNUE ET DÉMONTRÉE.

DISSERTATION.

Dans l'histoire locale, on rencontre parfois maintes difficultés dont il est louable de chercher à délier le nœud. Réussir dans cette opération, c'est travailler au profit de la science et contribuer à son avancement ; mais l'entreprendre sans voir ses efforts couronnés de succès, c'est du moins aligner, sur un sol mal exploré encore, quelques jalons dont se serviront plus tard, pour assurer leur marche, ceux que l'amour des découvertes anime à la poursuite de l'inconnue dans des questions sur lesquelles le laps du temps a répandu de profondes obscurités. Quand, pour obtenir le dégagement de cette inconnue, les moyens directs ne suffisent pas, tels, par exemple, que le témoignage des écrivains contemporains et l'autorité des textes empruntés de pièces authentiques, il faut alors varier son procédé; il faut, en ce cas, employer la méthode des hypothèses recommandée par plus d'un philosophe, et si par cette voie détournée on arrive à quelque résultat positif qui satisfasse aux principales données du problème, il est permis de croire, sans présomption, qu'on a touché au but après lequel il ne reste plus rien à faire à l'esprit que de se rendre compte de sa marche et d'en livrer les incidents à la publicité pour l'édification des lecteurs.

C'est précisément l'application de cette méthode que nous venons de faire par rapport à un évêque de Vintimille, d'origine aptésienne, dont nous croyons avec une ferme conviction avoir exhumé le nom de famille qui était depuis longtemps l'objet de nos recherches. On sait que dans nos *Études historiques* sur le quatorzième siècle, fruit de longs et pénibles labeurs, nous avions été le premier à signaler à nos concitoyens l'existence de ce prélat, inconnu même dans sa ville épiscopale, tout en regrettant de ne pouvoir contenter leur légitime curiosité sur le nom qu'il portait, la famille à laquelle il appartenait et sur les circonstances de sa vie publique; car il n'existe sur lui d'autre donnée que le peu qu'on lit dans le journal de Jean Lefebvre, évêque de Chartres, et dans le catalogue des évêques de Vintimille, dressé par l'auteur de l'*Italia sacra*. Mais si ces deux autorités étaient plus que suffisantes pour garantir le *certificat de vie* que nous donnions à ce prélat aptésien, elles ne l'étaient pas assez pour nous permettre de rien induire de concluant sur son *état civil*. Jaloux cependant de ne pas laisser notre œuvre incomplète, nous avons tenté de nouveaux efforts, et aujourd'hui nous croyons pouvoir affirmer que l'homme que nous cherchions n'est autre que Bertrand Imberti, gardien des Frères Mineurs d'Apt, l'un des confesseurs de sainte Delphine qui, à ce double titre, joua un rôle important dans la cause de sa canonisation.

Avant de prononcer sur cette question d'identité entre Bertrand Imberti et l'évêque de Vintimille, il s'agit de réunir ici les détails historiques que nous possédons sur ce prélat, afin de les rapprocher de notre hypothèse pour voir s'ils sympathisent avec elle. A cet effet, rapportons les propres paroles des auteurs sus-mentionnés. Voici d'abord de quelle manière s'exprime l'évêque de Chartres, chancelier de la reine de Sicile, comtesse de Provence :

« Apt, janvier 1385, vieux style (*). — Mardy,
» trentième jour dudit mois : Les gens d'Apt
» vindrent faire la révérence à la royne et au
» roy et fist une belle proposition (discours)
» l'evesque de Vintimille, Frère Mineur, né de la
» ville. »

(*) Dans le nouveau style , le millésime serait 1586, mais dans 'ancien où l'année commençait à Pâques , le mois de janvier fesait encore partie de l'an 1585.

Ailleurs, sous la date du 12 avril, on lit ce qui suit :

« Ce jour, furent dictes Vigiles pour Guy de
» Bretaigne, frère de la royne, aux Frères Mi-
» neurs, par l'evesque de Vintimille : moy et
» l'evesque d'Apt fumes revestus. Ce même jour,
» nous trois evesques dismes trois messes : l'e-
» vesque d'Apt du Saint-Esprit, moy de Notre-
» Dame, l'evesque de Vintimille de *Requiem* et
» fist predicacion gracieuse. »

Dans un autre endroit, on lit encore :

« Le lundy devant la feste du Sacrement, vingt-
» neuvième jour du mois de may, en l'assemblée
» des trois États d'Apt, furent faictes Vigiles
» solempnelles pour la royne Jehanne trépassée.
» Le mardy, la messe dicte par l'evesque de
» Cisteron, le sermon faict par l'evesque de Vin-
» timille, lequel prononcia la mort de ladite
» royne, moult piteusement. »

Voici maintenant comment parle l'auteur de l'*Italia sacra :*

« Bertrand, élu évêque l'an 1380 par le pape

» Clément VII ; il résidait à Avignon et paya le
» tribut d'usage au Sacré Collège, dans le mois
» de décembre ; ainsi appert du registre des pro-
» visions du même pape. »

De la combinaison de ces divers textes, il est
permis de conclure que l'évêque de Vintimille
avait pris possession de ce siège en 1380, qu'il
en était resté titulaire jusqu'en 1390, époque
à laquelle commence à apparaître dans l'histoire
son successeur, qu'il s'appelait Bertrand, qu'il
était de l'ordre des Frères Mineurs, natif de la
ville d'Apt et habile prédicateur. C'était déjà beaucoup que de savoir ces détails sur un évêque dont
on ne soupçonnait pas même l'existence il y a
quelques années, quoi qu'il se trouve rattaché à
une époque solennelle de notre histoire, c'est-à-
dire au séjour prolongé que fit la reine de Sicile
en Provence pour les affaires de son fils mineur ;
mais il était impossible de s'en tenir là et de ne
pas se demander à quelle famille ce prélat appartenait.

Longtemps nous avions cru qu'aucune voie

n'était ouverte pour aboutir à la solution de
ce problême, lorsque, après avoir étudié Baluze
et nous être nourri du suc de ses savantes notes
sur la vie des papes d'Avignon, une heureuse
idée est venue se présenter à notre esprit. D'abord
nous nous sommes dit que Bertrand, évêque de
Vintimille, ne devait pas appartenir aux familles
patriciennes de la ville d'Apt; car, si cela avait
été ainsi, le chancelier de la reine de Sicile, autant pour honorer son collègue que pour donner
du relief à la caste nobiliaire envers laquelle sa
charge lui imposait le devoir de se montrer dé-
voué, n'aurait pas manqué de rappeler cette cir-
constance, en disant que ce prélat *né de la ville*
sortait de telle ou telle grande maison. Et puisque,
en pareil cas, le silence équivaut à une affirmation
positive, de là pour nous cette conclusion légitime que Bertrand était issu d'une famille bour-
geoise. Ensuite nous nous sommes dit que l'évêque
de Vintimille ayant été Frère Mineur, il était probable qu'il aurait figuré comme témoin dans la
cause de canonisation de sainte Delphine, et
qu'ainsi, en étudiant le résumé qu'en a donné le

P. Borely dans la vie de cette grande sainte , on rencontrerait peut-être quelque personnage dont on pourrait à l'aide du raisonnement constater l'identité avec ce prélat. Frappé de ce trait de lumière, nous nous sommes mis incontinent à l'étude de ce résumé, et nous y avons trouvé la liste des témoins que le promoteur fit juridiquement assigner pour prouver la sainteté de la comtesse d'Ariano. Ces témoins sont disposés et qualifiés ainsi qu'il suit :

Mgr le Cardinal d'Uzès, archevêque de Toulouse ;

Mgr Philippe de Cabassole, patriarche de Jérusalem ;

Mgr l'Archevêque d'Arles ;

Mgr Anglicus, évêque d'Avignon.

M. Guirand de Simiane, baron de Caseneuve ;

M. Guillaume Augier, seigneur de Viens ;

M. Guillaume Henrici, maître des requêtes de la cour royale d'Aix.

M. Durand d'André, prévôt du chapitre d'Apt ;

M. Pierre Audenqui, chanoine d'Apt;
M. Pierre Claude, prêtre de Viens.

M. Raybaud Mitry, bourgeois;
M. Pons Rostagny, *id*.

Frère Bertrand Imberti;
Frère Isoard Risis;
Frère Albert Manentis;
Frère Guillaume Marcelly;
Frère Jacques de Bot.

Ces cinq derniers, tous Aptésiens et religieux du couvent des Frères Mineurs; tous appartenant à des familles bourgeoises, sauf le dernier qui tenait à une noble et illustre famille bien notée dans les fastes de l'Église d'Apt.

Il était aisé de comprendre que si quelqu'un de ces religieux devait résoudre le problême que nous nous étions posé, ce ne pouvait être que Bertrand Imberti qui figure en tête de la catégorie monastique. Ainsi donc, tout se réduisait pour nous à savoir si ce nom, en effet, remplissait les conditions de chronologie et de capacité que paraissait requérir ce que nous connaissions de certain sur l'évêque de Vintimille.

Et d'abord, en ce qui touche la chronologie, les rapprochements suivants vont nous prouver combien elle s'accorde avec notre hypothèse. L'évêque de Vintimille, comme on l'a vu plus haut, siégeait en 1380 ; il était à Apt en 1385 ou 1386 à la cour de la reine de Sicile ; il fut remplacé, au dire de l'*Italia sacra*, en 1390. De son côté, Bertrand Imbérti, Frère Mineur, était au couvent d'Apt en 1360, époque du décès de sainte Delphine ; trois ans après le décès de la sainte, il intervint comme témoin dans les enquêtes juridiques qui furent ordonnées par le pape Urbain V sur sa vie et sur ses miracles. Admettons, ce qui est probable, que Bertrand Imberti eut alors de trente-cinq à quarante ans, il devait être encore dans la vigueur de l'âge quand la reine Marie vint à Apt. Ainsi, sur la question de chronologie, les dates conviennent à merveille.

En ce qui touche celle de capacité, nous n'aurons pas beaucoup de peine à la résoudre en faveur de Bertrand Imberti ; car, s'il est vrai que la capacité d'un homme se mesure sur l'importance des divers ministères qu'il a remplis, par la raison que les facultés intellectuelles ne deviennent appréciables que lorsqu'elles tombent dans le domaine de l'application ; peut-on, en vérité, hésiter à reconnaître dans ce religieux de brillantes aptitudes, lui qui avait été supérieur de son couvent, confesseur de sainte Delphine pendant les dernières années de sa vie et de plus prédicateur renommé ? A l'égard de cette dernière qualité passée sous silence par le P. Borély, il est aisé de la conclure d'un passage de la belle déposition que fit Bertrand auprès des commissaires du Saint-Siége dans la cause de canonisation de son illustre pénitente, passage où il s'exprime ainsi qu'il suit :

« Le plus grand plaisir, dit-il, qu'on pouvait
» faire à la comtesse d'Ariano, était de l'entre-
» tenir des vertus des hommes d'église ; elle n'é-
» tait jamais plus satisfaite que lorsqu'on lui
» faisait le récit de quelque excellente prédication,
» mais particulièrement quand on disait que le
» prédicateur accompagnait ses paroles d'un grand

» exemple, qu'il prêchait autant par ses actions
» que par ses discours. — Ah ! disait-elle alors,
» ce digne ministre suit bien les conseils de saint
» Paul, qui enseigne aux prédicateurs de ne pas
» faire comme la cloche qui appelle le monde à
» l'église et n'y descend jamais.... » (*)

Ce passage, nous dira-t-on, prouve que sainte
Delphine avait une très-haute idée des devoirs de
l'orateur chrétien ; mais il ne prouve pas que le
P. Bertrand doive être rangé parmi les coryphées
de la chaire. Sans doute, si les Saints, à l'exemple
des autres hommes, aimaient la parole pour la
parole ou l'art pour l'art, on pourrait croire que
certains mots ingénieux qui sortent de leur bouche
n'ont été inspirés que par le désir de faire montre
d'esprit ou de répandre de l'agrément dans la
conversation. Or, telle n'est pas la pratique ordi-
naire de ces âmes privilégiées que Dieu transporte
par un coup de sa grâce jusqu'au point culminant
de la sainteté ; car elles n'agissent jamais qu'en
vue du ciel ou pour l'édification du prochain. De

(*) Borély, *Vie de sainte Delphine*, pag. 529.

là, il est permis de supposer que ce petit trait où sainte Delphine fait une gracieuse allusion au *cymbalum tinniens* de l'apôtre, était à l'adresse de son interlocuteur renommé pour son éloquence, et qu'elle voulait, à cause de cela, voir élevé à la perfection de son état.

Le P. Imberti ne s'y trompa pas en effet; car après le discours de la sainte, il ne put pas s'empêcher de se dire : « Elle nous a peints non tels
» que nous sommes, mais tels que nous devons
» être; ce sont nos devoirs qu'elle a voulu nous
» représenter d'une manière obligeante. Le por-
» trait qu'elle a fait des prédicateurs, est un mo-
» dèle auquel elle souhaite que nous nous rendions
» semblables. Elle nous a montré ce qu'on attend
» de nous, et nous comprenons combien il est
» difficile de remplir de si grandes espérances.
» Nous ferons néanmoins nos efforts pour nous
» rapprocher de ce beau type dont elle nous a
» dessiné les traits. »

Quoique ces remarquables paroles du P. Imberti ne soient arrivées jusqu'à nous qu'à travers le témoignage d'écrivains ascétiques, elles nous paraissent néanmoins découler si naturellement de son pieux colloque avec sainte Delphine, que ce serait dommage pour la mémoire de l'un et de l'autre de ne les avoir pas ici consignées.

Un autre endroit de la déposition de ce Père qui milite en faveur de sa capacité, c'est celui où il s'attache à faire ressortir les lumières extraordinaires que Dieu avait communiquées à cette grande sainte sur les questions les plus ardues de la théologie dogmatique. Là, en effet, comme dans les autres parties de ce précieux témoignage, il est facile de s'apercevoir que Bertrand s'était proposé de fixer l'esprit des commissaires plutôt sur la vie intellectuelle de sainte Delphine que sur ses miracles. Or, pour constater ceux-ci, il suffit d'avoir des organes sur le rapport desquels on puisse compter sans la moindre hésitation ; tandis que pour apprécier celle-là ; il faut être doué d'un tact exquis qui ne se rencontre que chez les hommes d'un esprit distingué. Le choix donc de ce point de vue annonce dans le confesseur de la sainte comtesse une de ces intelligences d'élite qui n'apparaissent que de loin en loin, même au milieu des habitudes studieuses du cloître. Ainsi, puisque le nom de Bertrand Imberti satisfait, comme nous venons de le voir, aux conditions de chronologie et de capacité qu'exige son identification avec l'évêque de Vintimille mis en scène par le chancelier de la reine de Sicile, nous devons en conclure que ces deux personnages n'en font qu'un, et en conséquence que le gardien des Frères-Mineurs d'Apt à l'époque du décès de sainte Delphine doit désormais figurer comme évêque sur le catalogue des prélats de la cité subalpine.

Avant de terminer cet article, nous dirons encore, en l'honneur de celui qui en est l'objet, qu'il était fort affectionné au culte de saint Elzéar, et la preuve, c'est qu'il fit deux fois le voyage de Naples pour solliciter de la reine Jeanne les fonds nécessaires à la confection d'un beau buste en vermeil, destiné à reproduire les traits de ce grand saint. Voici, d'après le P. Borély, la supplique qu'il aurait adressée à la souveraine de Provence, supplique d'autant plus précieuse à nos yeux qu'elle constate et la manière d'écrire de l'évêque de Vintimille et la ferveur de son zèle envers le noble époux de sainte Delphine :

« Madame, V. M. sait que les membres de la
» maison de Sabran ont été toujours très-dévoués
» au service de la maison royale de Sicile, et que,
» grâce à la bienveillance des rois vos prédéces-
» seurs qui leur avaient accordé de beaux emplois
» tant à la cour qu'à l'armée, ils se sont main-
» tenus dans cet honneur et ont obligé les mêmes
» princes à leur en confier de plus grands encore
» en reconnaissance de leur indéfectible fidélité.
» La mémoire d'Ermengaud de Sabran, quoique
» mort depuis longtemps, est aussi fraîche parmi
» nous que si son trépas ne datait que de hier.
» Les belles actions qu'il a faites sous le règne de
» Charles II le font revivre dans l'esprit des
» hommes fidèles au culte des souvenirs. C'est à
» lui que ce grand monarque donna la *comté*
» *d'Ariano* pour la récompense de sa valeur. —
» V. M. sait aussi qu'Elzéar de Sabran, son fils,
» fut l'héritier non moins de sa générosité que de
» sa fortune. Les nombreux services qu'il rendit
» à Charles II et au roi Robert, votre aïeul, le

» rendront à jamais illustre dans la postérité
» la plus reculée. Mais ce qui relève davantage
» son mérite, c'est la sainteté de vie qu'il a fait
» éclater au milieu de la cour, où il sut se con-
» server dans l'amour de son Dieu comme dans
» l'affection de son prince, sainteté en vue de
» laquelle l'Église catholique, après information
» préalable, l'a gratifié des honneurs du culte
» public. La piété des fidèles ayant désiré de lui
» dresser une châsse pour y placer ses reliques,
» c'est à ce dessein que je suis venu auprès de
» V. M. solliciter le bénéfice de ses libéralités
» en faveur de ce grand saint. Je suis persuadé,
» Madame, que si vous lui assurez par cet acte
» de charité la vénération des hommes sur la terre,
» il ne manquera pas dans le ciel de vous rendre
» favorable, par ses prières, le maître des rois, à
» qui nous offrirons de notre côté des vœux ar-
» dents pour la prospérité de votre personne
» sacrée. (*) »

La reine agréa extrêmement cette demande et,

(*) *Vie de sainte Delphine*, pag. 391.

après s'être informée de la somme qu'il fallait pour faire cette châsse, elle autorisa le gardien des Frères-Mineurs d'Apt à exiger mille florins d'or de la douane du Rhône à Avignon, lui faisant expédier à cet effet des lettres-patentes par lesquelles elle obligeait le juge-mage de la province à faire compter cette somme et à l'employer à ce à quoi elle était destinée (*).

Le P. Imberti ayant donc obtenu ce qu'il souhaitait, retourne en Provence, présente les lettres de la reine au juge et les fait signifier aux intendants de la douane; mais ceux-ci ne purent d'abord lui donner que cinq cents florins avec lesquels néanmoins on commença à travailler à la châsse qui ne fut achevée que plus tard, lorsque l'artiste eut touché les cinq cents autres florins : et pour faire savoir que cette belle œuvre était le fruit de la munificence royale, on grava devant et derrière au milieu du support les armes de Jérusalem et de Sicile qui étaient celles de la reine Jeanne, et à côté les armes de la maison de Sabran

____

(*) Ces lettres-patentes portent la date de 1352.

qui portent un lion d'argent dans un champ de gueule.

Ainsi la découverte du nom de famille de l'évêque de Vintimille, nous a mis en voie d'apprendre quelques particularités intéressantes de la vie de ce prélat, parmi lesquelles se distingue celle d'avoir été un des plus ardents promoteurs du culte de saint Elzéar et de sainte Delphine. Et puisque nous voilà sur un terrrain cher à la piété chrétienne, pouvons-nous ne pas dire ici que les bénédictions de ces anges de pureté s'épandent en ce moment sur l'auguste Pontife de ce diocèse qui, renouant la chaîne des temps, vient de donner à leurs noms, par une sage mesure administrative, autant de popularité qu'en avaient ceux des anciens privilégiés de la Lithurgie romaine ?

FIN.

OTHON

DE BRUNSWICK

QUATRIÈME MARI DE LA REINE JEANNE

———

OTHON DE BRUNSWICK

mari de la reine Jeanne.

I

Ce prince est un de ceux qui ont eu l'honneur
d'être époux d'une reine sans être roi, c'est-à-dire
sans partager avec leur compagne l'exercice du
pouvoir souverain. De nos jours, les peuples qui
vivent sous le régime d'une charte octroyée ou
librement votée par les grands corps de l'État,
n'ont pas manqué de faire inscrire dans leur cons-
titution cette disposition formelle du non-partage
de l'autorité entre les époux lorsque la loi d'héré-
dité appelle une princesse au trône de ses aïeux.
Ainsi, quand elle se marie, le prince à qui elle
donne sa main reste simple particulier et demeure
étranger au jeu de la politique, heureux de re-

prendre ses droits de chef de la communauté conjugale dans les actes de la vie intime et domestique qui, comme l'a dit un profond penseur, doit être murée pour tout le monde. Or, telle était la condition d'Othon de Brunswick devenu le quatrième mari de la reine Jeanne, comtesse de Provence. Lorsque cette infortunée princesse, dont le règne agité présente une longue chaîne de calamités inouïes, résolut de faire cesser son veuvage et qu'elle eut fixé son choix sur un petit prince d'Allemagne, tout le monde comprit qu'en agissant ainsi, elle choisissait plutôt un mari qui put lui plaire qu'un homme qui put la défendre. C'est parce que Othon n'occupe qu'une médiocre place dans l'histoire générale où les grands princes seuls ont le privilège de se montrer, qu'il appartient à nous, humbles écrivains de l'histoire locale, de nous occuper de lui, d'autant plus qu'il a joué un rôle important dans le pays que nous habitons, qu'il a visité nos villes et entretenu avec elles certaines relations qui le recommandent à notre souvenir.

On sait qu'à la mort de la reine-comtesse, la

couronne de Sicile échut au duc d'Anjou, Louis Ier,
que cette princesse avait déclaré son héritier, à
l'exclusion de Charles de Duras, meurtrier de sa
bienfaitrice. Mais le prince français, objet de la
préférence royale, mourut bientôt, laissant son
jeune fils, Louis II, sous la tutelle de Marie de
Blois, sa veuve. Pendant que celui-ci gouvernait
en Provence, le fils de Charles de Duras que nous
venons de nommer régnait à Naples sous la tutelle
de la reine Marguerite, sa mère, qui tenait d'une
main ferme sinon habile les rênes de l'État. Ainsi,
par une de ces singularités du hasard ou plutôt
par une de ces combinaisons de la politique dont
on trouve plus d'un exemple dans l'histoire si
dramatique du quatorzième siècle, l'on vit alors
sur la scène du monde deux rois enfants destinés
à se haïr avant de se connaître, protégés par deux
papes peu faits pour les conseiller et les secourir,
gouvernés par deux reines à qui manquait l'ex-
périence des affaires, surtout au milieu des com-
plications qu'avait fait naître un schisme déplorable
sans analogue dans les annales religieuses ; et de
plus, ces deux jeunes rois n'étaient pas tranquilles

dans la partie de leurs États où ils s'étaient ren-
fermés : car Louis, en Provence, se trouvait con-
tenu par les partisans de Ladislas, et Ladislas, à
Naples, se voyait menacé par les partisans de son
rival.

L'autorité de ce dernier, affaiblie par la mort du
roi son père, perdait de jour en jour tout ce qu'elle
avait de prestige par la conduite imprudente de la
reine Marguerite, femme courageuse à la vérité
et féconde en ressources, mais hautaine dans ses
procédés, inflexible dans ses résolutions, et préfé-
rant d'emporter par la force et la fraude ce qu'elle
aurait pu obtenir par l'adresse et la douceur. Aussi
seconda-t-elle, sans le vouloir, les efforts du parti
angevin qui cherchait à soulever les esprits contre
elle. Le nombre des mécontents était infini, et le
trône de Naples aurait été irrévocablement assuré
à la maison d'Anjou si le pape d'Avignon et Marie
de Blois avaient su profiter des circonstances. Mais
Clément indécis et faible lorsqu'il fallait répandre
de l'argent pour enflammer le courage des fidélités
douteuses, Marie défiante et timide lorsqu'il fallait
agir et marcher au but, perdirent un temps pré-

cieux dans des conseils interminables, dont le journal de l'évêque de Chartres, chancelier de cette princesse, nous a conservé les minces résultats.

II

Sur ces entrefaites, Othon de Brunswick était à Avignon auprès de la cour papale et Marie de Blois à Apt où elle résidait avec tous les hauts personnages de la contrée qui avaient embrassé le parti de son fils. Dans la première ville, le prince travaillait à se faire nommer par Clément VII généralissime des troupes qu'il était question de réunir pour la conquête du royaume de Naples, et dans l'autre, la reine s'occupait à ouvrir des relations avec les villes de la haute Provence qu'elle se proposait de visiter en vue de les gagner à sa cause et de les y attacher définitivement par des actes de munificence royale.

Mais il nous faut ici raconter comment le mari de la reine Jeanne était passé de Naplès à Avignon après la mort de cette infortunée princesse. Sans rappeler les divers évènements qui suivirent cette catastrophe, nous dirons qu'Othon, fait prisonnier de guerre au mois d'août 1381 par Charles de Duras, avait été renvoyé sur sa parole après trois ans de captivité dans le château de Minervino. Un jour qu'il prenait le divertissement de la chasse si agréable aux grands seigneurs, vers la fin de l'année 1384, il fut pris par des bandes anglaises du parti de Clément VII qui l'envoyèrent dans le comtat Venaissin pour être mieux à portée de recevoir les inspirations de ce pape. Il montra sur cette évasion forcée, à laquelle du reste il était étranger, des regrets qui prouvent combien le point d'honneur pratiqué en dehors des conditions de la morale évangélique conduit peu sûrement à la gloire quand il dirige seul les procédés de la politique. Ce prince qui n'avait point montré de scrupule quand il fallut conseiller à Charles de Duras, meurtrier de la reine Jeanne, comment il devait s'y prendre pour ruiner entièrement le parti de la maison d'Anjou en Italie ; ce prince que l'on vit plus tard abandonner pour un mécontentement les intérêts de Louis II et embrasser ceux de son ennemi, consulta, quand il fut arrivé à Avignon, les barons napolitains réfugiés en cette ville pour savoir d'eux si ayant été pris alors qu'il était libre sur parole, il pouvait se regarder comme valablement libéré envers l'autorité qui l'avait retenu prisonnier. Ils répondirent que les lois de la seconde captivité le dispensaient des engagements de la première. Moyennant cette solution donnée à un aussi singulier cas de conscience, Othon crut pouvoir prêter l'oreille aux ouvertures qui lui furent faites de la part de Marie de Blois et entrer en pourparler avec elle pour la conduite de l'armée qu'elle destinait à tenter une descente dans le royaume de Naples au profit de son fils.

Nous n'en finirions pas si nous voulions analyser ici toutes les négociations qui se firent à Avignon et à Apt, toutes les notes qui s'échangèrent de ces deux villes entre la cour romaine d'un côté et celle de Louis II de l'autre, à l'occasion du traité qu'il fallait conclure sur cette matière importante ; car les prétentions d'Othon de Brunswick allaient toujours croissant et devinrent tellement exhorbitantes que Marie de Blois recula plus d'une fois avant de les accepter. Pour s'en faire une idée, on n'a qu'à se donner la peine de parcourir, comme nous l'avons fait nous-même à la Bibliothèque impériale à Paris, le journal déjà cité de l'évêque de Chartres qui contient les diverses phases par lesquelles passa cette affaire, dont se préoccupèrent longtemps Clément et ses cardinaux. Là aussi on verra les allées et venues du prélat dans le but de se procurer les moyens d'arriver sur ce point à une conclusion raisonnable qui fut au gré de sa souveraine. Au reste, il n'est pas sans intérêt pour la ville d'Apt de savoir que le traité dont il s'agit avait été le prétexte pour lequel tant de grands personnages de l'ordre civil comme de l'ordre clérical y étaient venus munis des pleins pouvoirs de la cour pontificale.

Ainsi, nous remarquons qu'au mois de juillet 1385, le comte de Potenza, l'un des seigneurs les plus qualifiés de l'émigration napolitaine, se rend à Apt avec le grand sénéchal de Provence, George de Marle, pour y traiter avec les conseillers de Marie la grande question qui était à l'ordre du jour de la cour romaine. Une conférence eut lieu entre le premier de ces personnages et l'évêque de Chartres au couvent des Cordeliers, à raison de la convenance du local où de doux ombrages faisaient circuler dans l'intérieur des cloîtres un air frais et pur au milieu des ardeurs de la canicule. Voici de quelle manière s'exprime le prélat en consignant cette note intéressante dans son journal :

« Dimanche, quinzième jour de juillet, le comte
» de Potenze et moy eusmes collation grande à
» Sainct - Alzias sur le faict de messire Orthe
» (Othon) ; ils disnèrent lui et messire Antoine
» avec Madame , *ego non et ex causâ.* »

Avant de terminer ces détails tous du domaine de l'histoire locale, racontons une anecdote assez plaisante que nous a conservé l'évêque de Chartres qui, quoique personnelle au prélat, ne se rattache pas moins par son origine à Othon de Brunswick, objet du présent article ; elle porte la date du 28 août 1386. — Pendant qu'on discutait à Avignon sur la portée des conditions du traité qui avait été conclu entre le prince et la reine-comtesse, l'évêque de Chartres et le cardinal de Co-

senza eurent à ce sujet une petite querelle qui
nous prouve que dans les hautes régions du pouvoir les hommes restent tels que nous les voyons
dans les conditions ordinaires de la vie. Marie de
Blois était alors à Pertuis où elle était venue rési-
der après un séjour de deux ou trois semaines à
Manosque, la ville chérie de la reine Jeanne. Pendant que les deux prélats étaient ensemble dans la
chambre du pape, le cardinal se prit à demander
à l'évêque en quel point se trouvait l'affaire du
traité à la conclusion de laquelle tout le monde
s'intéressait. Celui-ci répondit qu'il l'ignorait,
mais qu'il ne tenait ni à la reine ni à ses conseillers
qu'elle n'eut un heureux succès. Sur ce, le cardinal répliqua aussitôt que la chose n'allait pas
ainsi, et qu'il se faisait fort de fournir la preuve
comme quoi c'était la faute de la reine et des siens
si la négociation n'aboutissait pas au gré des personnes qui avaient embrassé la cause de la maison
d'Anjou. Piqué de ce trait lancé à son adresse, le
prélat répondit que Son Éminence était dans l'er-
reur, que personne n'avait agi avec plus de bonne
foi que lui dans l'affaire du traité dont il désirait

qu'on suivit toutes les conditions ; mais qu'Othon voulait les annuler, et que c'était de sa part et de celle de ses conseillers agir en enfant. Le cardinal, dont la susceptibilité fut éveillée par cette dernière parole, parce qu'il la crut dite pour lui, la rétorque incontinent contre le prélat en l'accusant d'agir lui-même comme il venait de le dire. Il ajoute qu'il le prenait avec lui sur un ton bien haut et qu'il tranchait trop en sa présence du prélat grand seigneur, dont le devoir serait d'ailleurs de mesurer ses termes vis-à-vis d'un membre du Sacré-Collège, honoré de la confiance du Saint-Siège, et en disant cela, il élève la voix si fort que le pape qui était dans son cabinet pouvait l'entendre.

L'évêque ayant compris que sa parole était susceptible d'être mal interprétée, s'empressa de la retirer, et s'inspirant de cette sainte modestie qui va si bien aux dignitaires de l'Église, il s'excusa auprès du cardinal qui fut assez généreux pour lui pardonner sa boutade. Nous allons rapporter cette anecdote dans le langage naïf de l'évêque de Chartres, en faveur de ceux qui aiment à étudier les origines de notre belle langue :

« Après disner, en la chambre du pape, Cosenze
» me dist ce qu'il serait de notre traitié. Je li dis :
» Je ne sais, à nous ne tient pas. Il dit si fait, car
» vous ne voulez vous obliger. Je dis que si fai-
» sions ainsi que traitié estoit, mais à messire
» Orthe tenoit que le traitié accordé débattoit et
» que ce sembloit faict d'enfant. Le cardinal prinst
» à soy les paroles et que je le appellois enfant, et
» me dist que ce étois je qui estoit enfant et que
» je parlois comme un grand evesque et mal révé-
» remment à un cardinal, et fist moult grande
» exclamation jusques au pape qui parlé le plus
» courtoisement que je pusse lui prié pardon. —
» Il le pardonna. »

FIN.

www.ingramcontent.com/pod-product-compliance
Lightning Source LLC
Chambersburg PA
CBHW051555070726
47594CB00017B/1657